Hendrik Preßler

Sprache ist Silber, Gedichte sind Gold

Gedichtsammlung

Dieses Buch ist auch als E-Book erhältlich.

Bibliografische Information
der Deutschen Nationalbibliothek:
Die Deutsche Nationalbibliothek verzeichnet
diese Publikation in der Deutschen
Nationalbibliografie; detaillierte bibliografische Daten
sind im Internet über http://dnb.dnb.de abrufbar.

2. Auflage: Juli 2023
© 2019 Hendrik Preßler
Herstellung und Verlag:
BoD – Books on Demand, Norderstedt

ISBN: 978-3-7504-3381-6

Poesieprojektionen

BITTERSÜSSE LYRIK

Unlesbar

Rotbraunes Haar im Mondenschein
Erblicke ich vor meinen Augen;
Ich mach mir daraus keinen Reim,
Vermag die Schönheit nicht zu glauben.

Gehe dennoch auf dich zu
Und bin plötzlich mit dir ganz allein;
Zeitgleich weiß ich nicht mehr, was ich tu,
Sehe einzig deinen lichten Schein.

Bist du noch ein weltlich Wesen?
Gedanken fassen kann ich nicht;
Ebenso wenig in den Augen lesen,
Die sich paaren mit purem Licht.

Eine kleine rote Brücke

Eine kleine, rote Brücke –
Der Ort, an dem ich stehe;
Wo ich meinen Stift zücke
Und auf und nieder gehe.

Gedanken drehen sich,
Leider um meinen Kopf herum.
Dabei denke ich für mich:
Warum stellst du dich so dumm?

Ich kann mit Sicherheit sagen,
Nur eine Furcht zu kennen.
Und diese in mir zu tragen,
Mit deinem Namen zu benennen,

Bricht mein Herz
In tausend kleine Teile.
Ich spüre einzig diesen Schmerz –
Für eine unendliche Weile.

Wenn ich schlafe,
Bin ich dir nah.
Ich zähle dafür keine Schafe,
Sondern gebe dir mein »Ja«.

Sobald ich erwache,
Liegst du neben mir im Bett.
Doch dass ich dich nicht anlache,
Findest du weder erbaulich noch nett.

Nur im Traum
Kann ich mich dir nahen.
Dort pflanzten wir einen Lebensbaum,
Um unsere Liebe zu bewahren.

Wann bin ich bereit für dich?
Kannst du mir es sagen?
Ich weiß bereits, du liebst mich,
Doch wann beginne ich Verantwortung zu tragen?

Leb wohl

Leb wohl –
Zwei Worte brennen in der Seele.
Mein Herz ist hohl,
Wie sehr ich mich doch quäle

Beim Gedanken:
Du bist nicht mehr mein.
Geschlossen sind die Schranken,
Es sollte wohl so sein.

Aber ein Muss
Ist dies noch lange nicht!
Einen Abschiedskuss
Verwehrte ich dem Licht,

Welches meine Welt
Zum Strahlen brachte.
Wie sie nun zerfällt,
Seitdem ich ein letztes Mal lachte.

Ein Sehnsuchtshauch,
Von der Liebe meines Lebens,
Ist alles, was ich brauch,
Dann wäre nichts vergebens.

Nadel und Faden

Im seichten Wasser fand ich den Tod,
Gekentert, gesunken ist mein Lebensboot.

Keine Handbreit Wasser mehr unterm Kiel,
Aus und vorbei ist Neptuns teuflisches Spiel.

Dennoch schreibe ich hier mit Blut diese Zeilen,
Ich scheine noch immer unter den Lebenden zu weilen.

Obwohl mein Herz schon lange durchstochen ist,
Seitdem du nicht mehr in meinem Leben bist.

Wo sind sie hin »Nadel und Faden«,
Um eine letzte Chance aufs Überleben zu haben?

In Metaphern oder Wirklichkeit?

–

Somnolenz

Stockdunkel ist es vor meinen Augen –
Ein Stoßgebet entsende ich, um meinem Glauben
über den Bergrücken zu verhelfen.

Weibsbilder sind wie engelsgleiche Elfen:
Einen kühlen Kopf kannst du nicht bewahren,
wie vom Blitz getroffen fühlst du dich nach Jahren
noch immer – Alabasterhaut
macht mich mit dem Licht
am Ende des Tunnels vertraut.

Hoffnungsstrahlen auf meinem finsteren Pfad,
obwohl ich Madame mit den anderen
über einen Kamm geschert hab.

Werfen wollte ich die Flinte ins Korn;
sie kommt als Sternenkind, nicht als nächster Dorn
hinter einem Baum hervor,
dessen Krone ich nicht sehe.

Mit Wohlwollen erwäge ich,
dass ich einen Schritt gehe,
um ihre weiße Weste zu erblicken.

Versuchte zuvor mit dem Kopf im Sand
qualvoll zu ersticken,
denn die Durststrecke war zu lang.

Und jetzt dieser offenherzige Empfang.

IN METAPHERN ODER WIRKLICHKEIT?

–

Sopor

Sie glänzt als Stern vor meinen Augen,
atemberaubend ist ihre Form.

Auf Wolke sieben, in perfekter Rund-Norm,
musste sie sich die Engelsgeduld rauben
und große Geschütze auffahren,
um mich zu sich in den siebten Himmel zu heben.

Mit ihr konnte ich einen Schlüsselmoment erleben
und Brücken bauen nach all den Jahren,
wachsen über mich hinaus,
überfliegen,
einen Fisch im Trüben gefangen kriegen
und federleicht schweben aus dem Haus,
zu meiner besseren Hälfte in die Sterne.

Wir ziehen an einem Strang,
welch Wintermärchenanfang;
welch Liebesdienst, dessen Wärme
so vielseitig ist.

Ein glückliches Händchen konnte ich beweisen,
ohne vorher ins Gras zu beißen,
nur um zu merken, dass du mit allen Wassern
gewaschen bist.

–

Koma

Bissige Bemerkungen kommen schnell,
auf den Arm hast du mich genommen.

Zum Glück hab ich ein dickes Fell,
sonst wär mein Dickkopf durchgekommen.

Ich muss mich warm anziehn,
zur Nervensäge bist du avanciert.

Vor der verzwickten Lage will ich fliehn,
du bist mir viel zu kleinkariert.

Es ist zum aus der Haut fahren,
mit solchen Hochstaplern wie dir.

Um mich vor dem Wolkenbruch zu bewahren,
beende ich den faulen Zauber hier;
den Drahtseilakt,
sonst haust du mich in die Pfanne.

Einen Denkzettel hast du für mich schön verpackt,
hinter dem Ofen hol ich ihn hervor als Kanne,
mit der Nachricht von dir Sturkopf,
dir Querdenker.

In den falschen Hals bekam ich deinen Liebestopf,
du warst für mein Leben ein lustloser Lenker.

IN METAPHERN ODER WIRKLICHKEIT?

–

Vigilanz

Ich fühl mich ausgebrannt –

Wie konnt ich nur so blauäugig sein
und solche Luftschlösser baun?!

Nun im Niemandsland
falle ich über den nächsten Stolperstein
und kann dem Erzfeind nicht traun.

Sie kommt engstirnig an
und versucht mir den Rang abzulaufen,
während ich zur Salzsäule erstarre,
sodass ich mich nicht über Wasser halten kann.

Ich muss wegen Uferlosigkeit absaufen,
da ich als Irrläufer verharre.

Wie der Dorn im Auge mich verleitet,
Dampf abzulassen mit dem Wind,
als ich meine Wunden lecke.

Bis sich der Mantel des Schweigens ausbreitet
und ich Fernweh empfind,
alsdann ich die Hand
nach dem zweischneidigen Schwert ausstrecke ...

Übermannt

Ich dachte, schaffen könnten wir es,
Doch übermannt wurden wir vom Stress.

Kräfte haben wir verloren,
Zwietracht wurde zwischen uns geboren.

Durch Eigennutz und Unverständnis
Verschwimmt die Erkenntnis,

Den anderen doch lieb zu haben –
Ab heute überwiegt das Klagen.

Lebensweg

Wo soll die Reise hingehn?
Ich kann es dir nicht sagen.
Du willst es anfangs nicht verstehn,
Erkenntnis gewinnst du in den Tagen,

An denen wir gemeinsam gehn;
An denen wir die Schönheit sehn.

So langsam macht's dir Freude,
Ich kann sie in den Augen sehn,
Die die ganze Zeit und heute
Nach immer Neuem flehn.

Flehen nach Großem und nach Kleinem,
Flehen nach dem Vielen und dem Einen.

Roh sind deine Bilder,
Ich kann sie dir nicht kochen.
Du wirst stetig wilder,
Dein Herz ist schnell am Pochen;

Im Takt des Schrittes, den du gehst;
Im Takt, mit dem du rüberwehst.

Wo ist die Reise hingegangen?
Ich will es dir gern sagen:
Wir konnten an die Orte gelangen,
An denen wir in tausend Tagen

Den Zauber dieser Welt ergründeten,
Indem sich unsere Herzen verbündeten.

Mein Traum

Sie bauten dir eine Zelle
Aus Gold und Diamanten.
Über deine Gefängnisschwelle
Trat keiner deiner Verwandten.

Ein schöner, ruhiger Ort,
Um alt zu werden.
Doch du möchtest fort
Und entdecken, was auf Erden

Unerreichbar für dich ist.

Sie brachten dir den Mond
Und Dutzende von Lügen.
Dir, der bewohnt
Das Innere von stehenden Zügen.

Keine schöne Umgebung
Für einen Vogel wie dich,
Dem missgönnt ist jede Regung.
Betrüblich,

Wie beschwert du bist.

Sie begannen dich zu vergessen,
Aufs Abstellgleis zu schieben.
Und hätten deine Zeit abgesessen,
Dich schamlos in den Tod getrieben.

Doch nun schlägt meine Stunde,
Zu deiner Rettung eile ich;
Und schließe deine Herzenswunde,
Befreie dich,

Um dank der Liebe List

Mit dir in Freiheit frei zu sein.
Dadurch bin ich immer dein –

Mein Traum.

Fluss mal x

gemeinsam ≈ nicht einsam ≈ in dem Raum ≈
einer Blase aus Schaum ≈ fließen Reime ≈
an der Leine ≈ von dir ≈ von mir ≈ wollen wir ≈
etwas kreieren ≈ keine Zeit verlieren ≈
sie verstreichen lassen ≈ auf den Terrassen ≈
einzelner Gedanken ≈ ohne Schranken ≈
sehen wir uns an ≈ den Anfang ≈
Beziehungen beginnen ≈ verschwimmen ≈
mit Eindrücken ≈ fügen sich aus den Stücken ≈
den Tagen ≈ zusammen lagen ≈ wir noch nie ≈
da ich bei dir einzieh ≈ wird es zum Problem ≈
so bequem ≈ hatte ich es lange nicht ≈ das Licht ≈
das bricht ≈ mit deinem Ableben ≈ gegeben ≈
jede Stunde ≈ jede Sekunde ≈
in Metaphern verbracht ≈ lauthals gelacht ≈ geweint ≈
vereint ≈ entzweit ≈ bereit ≈ Neues zu erleben ≈
bis nach Theben ≈ nach Waset ≈ nichts ist zu spät ≈
zu früh gewesen ≈ zu belesen ≈ zu dumm ≈
zu stumm ≈ zu laut ≈ geschaut ≈ vertraut ≈ mit nix ≈
Fluss mal x

Keine Fragen mehr

Dein Herz, es schlägt
Für mich.
Mein Herz, es trägt
Auch dich –

Durch schwere Zeiten,
Die bald kommen.
Ich werde dich begleiten,
Wenn die Sonnen

Verblassen werden –
In Zukunft
Und auf Erden
Die Vernunft

Versagt,
Da niemand mehr nach seinem Nächsten fragt.

Gedankenversunken

Gedankenversunken
Schwand ich im Nebel meiner selbst
War schon dreimal ertrunken
Bis du mir vor die Füße fällst

Ein Strahlen, ein Licht
Erblindet meine müden Okulare
Ich höre das Wesen nicht
Welchem ich mich verschlossen offenbare

Liebe und Hass
Bestimmten stets mein leidvolles Leben
War triefend nass
Und wünsche mir reinigenden Regen

Schulter sein

Ein Tropfen, eine Träne von dir ist schon zu viel;
falls es dennoch mal so kommt,
soll Trösten hohes Ziel
von meinem einfach Wesen immer wieder sein;
bis deine Tränen trocknen
und dein Herz gleicht Sonnenschein.

Denn nur zum Lächeln scheinst du mir
durch Gottes Gnad geboren; zur reinen Freude
bist du von mir mindestens erkoren.
Also hoff ich, dich vor bösen Geistern
ständig zu bewahren; heute, morgen und gerne noch
in vielen, vielen Jahren.

Natürlich klappt es nicht zu jeder Zeit und Stunde,
aber bemühen will ich mich,
zu schließen jede Wunde.
Eine Schulter möcht ich für dich sein,
bitte lehn dich an; und vergiss niemals:
Bei Schwierigkeiten tritt an mich heran!

Bis nach Mitternacht

Nur Meeresblau erkenne ich in deinen Augen,
Der schöne Schein lässt mich an das Gute glauben;

Dabei strahlt lediglich Projiziertes zurück.
Es ist einzig ein winzig kleines Stück

Von dem, was mich an dir fasziniert.
Leider habe ich bloß halluziniert,

War geblendet von dem Sonnenschein;
Er fiel in deine Augen ein

Und traf mich mitten hinein ins Herz.
Tagsüber leide ich an des Scheines Schmerz

Und kann dir noch nicht voll vertraun;
Argwohn wird sich bis Mitternacht staun.

Erst dann wird schwarz
Deine Pupille;
Es löst sich das Harz
Von deines Herzens Stille.

Du sprichst rein
Mit meiner Seele;
So soll es sein,
Dass ich Pferde stehle

Mit dir nach Mitternacht –

Zügellos galoppieren wir von dannen.
Nie hätte ich gedacht,
Mit dir zwischen Tannen

Frei wie ein Vogel zu gleiten
Und das gefühlt bis in alle Ewigkeiten ...

Keine Gegenwart

Versteckt hast du dich
Hinter deinem goldnen Haar.
Siehst du mich?
Nur so werden meine Träume wahr!

Würdest du mich registrieren,
Meine Existenz bemerken,
Müsst ich nicht erfrieren,
Sondern könnte meinen Körper stärken.

Würde ich dir endlich nah sein –
Wie groß doch dieser Wunsch ist!
Dann wärst du nicht allein,
Sobald du meine Gegenwart bist.

Unmöglich kannst du diese werden,
Zu verschieden sind wir zwei,
Sodass ich hier auf Erden
Niemals werde frei.

Gefangen muss ich bleiben
In einer finstren Welt,
Wo wir beide werden scheiden,
Sobald uns Thanatos bestellt.

Stete Bitternis

Getrennt bin ich von meiner Schönen,
So grausam ist die Welt.
Niemals werd ich mich daran gewöhnen,
Dass sie wie Asch zu Staub zerfällt;

So wie's geschah der wunderbaren,
Einzig wahren Frau.
In all den schrecklich-schnöden Jahren,
So weiß ich ganz genau,

Werd ich mich nicht mehr freuen;
Soviel ist gewiss.
Muss jeden Atemzug bereuen
Und leb in steter Bitternis.

Schmerzlich musst ich feststellen

Schmerzlich musst ich feststellen, dass ich glaubte,
Alles richtig gemacht zu haben.
Doch dass ich ein Messer in dein Herz schraubte,
Brauche ich dir nicht zu sagen.

Zu welchem Monster ich avancierte,
Welches dich mit Lügen vergiftete;
Dass ich daran nicht krepierte,
Als ich einzig Böses stiftete,

Wundert mich bis heute noch –
Deine Liebe muss mich gerettet haben.
Dabei habe ich dich doch
Betrogen in all den Tagen,

Wo du glaubtest, ich denke an dich.
Ich will mich am liebsten verkriechen,
Denn ich weiß endlich, wie fürchterlich
Mein kranker Geist am Siechen

Gewesen ist;
Dadurch, dass ich Perversem ausgesetzt war.
Warum du noch bei mir bist,
Auch in diesem Jahr,

Kann ich nicht verstehn.
Doch eines weiß ich ganz genau:
Wirst du weiter mit mir gehn,
Transformier ich zu der Frau,

Die du an deiner Seite brauchst.
Der Weg ist steinig und lang;
Doch wenn du in dieses Wagnis eintauchst,
Ist es der ersehnte Neuanfang

Für dich und mich.
Bitte sag »Ja«!
Dann bin ich hoffentlich
Deinem Herzen so nah,

Wie es Liebenden gebührt –
Mir wird schon ganz warm.
Ich hab dich noch nie so gespürt.
Nimmst du mich allzeit in den Arm?

Meine sind weit offen!
Ich mache den nächsten Schritt
Und habe dich ins Herz getroffen,
Wenngleich mein Engel letztmals litt.

Du rechts, ich links

Du rechts,
ich links;
so war es bei uns immer.
Doch heute ist es anders
und bringt Kummer
in das Zimmer, in dem
ich dich geehelicht
vor vielen, vielen Jahren.
Leider kann sich unsere
Liebe nicht selbstständig
bewahren. Die Kinder
haben sie stets
beschützt, diese sind nun
fort und mit ihnen die
Harmonie; verfinstert ist
der Ort, der so viel
Freude miterlebte von
vier verschiedenen
Personen. Diese haben
sich auseinandergelebt
und können nicht
belohnen, was die Ehe
damals vereinfachte;
schwierig ist es heut.
Eine Trennung scheint
nur logisch, sonst hat
man auch bereut den
Rest von seinem Leben;
dieser ist nicht mehr so
lang. Doch vielleicht
verhilft die Scheidung
zum ersehnten
Neuanfang ...

Tausend Gesichter, aber bloß ein Licht

Ich schwimme in einem Meer von tausend Gesichtern;
Leider verebbt die Flut von menschlichen Lichtern.

Oh Bruder, oh Schwester, reichst du mir die Hand?
Anders erreiche ich nie dieses fremde Land;

Das zu weit scheint für meine Vorstellungskraft.
Bedauerlicherweise bekomme ich mich nicht aufgerafft;

Und fühle mich wie ein Puzzle mit fehlenden Teilen;
Wie ein Bergsteiger ohne Sicherung beim Abseilen.

Sprichst du zu mir? Deine Sprache verstehe ich nicht;
Dennoch sehe ich Freundlichkeit in deinem Gesicht.

Ich springe und werde von Liebe gefangen;
Nur so konnte ich zu wahrem Frieden gelangen.

Du nahmst mich deiner an, geborgen bin ich nun;
Und finde dank dir genug Zeit, mich auszuruhn.

Nicht durch schnippen

Ich berühr deine Sonnenflecken sacht,
Mein Mund wandert bis zu deinen Lippen.
Du bist das Mondlicht heute Nacht,
Dieser Traum endet nicht durch schnippen –

Denn dafür bin ich viel zu wach,
Spür den Regen auf unserer Haut.
Ich bau uns aus Liebe ein Dach,
Auch Schindeln der Hoffnung werden verbaut;

Um dich Wunder zu schützen –
Bis in die ewige Weite.
Denn was würde es mir nützen,
Wenn ich meinen Leitstern nicht geleite?!

Ich bin bei dir

Ich bin bei dir, wenn dein Weg an einer Klippe endet;
Wenn sich nichts mehr für dich zum Guten wendet.

Jeden Tag, wenn du nicht mehr aufstehen willst;
Wenn du deinen Frust mit stetem Ritzen stillst.

Ich bin bei dir, wenn's kein anderer mehr vermag;
Wenn du glaubst, heute ist für dich der Jüngste Tag.

Bei Regen, wenn dieser deine tiefe Trauer verbirgt;
Wenn dein allerletzter Lebenswille stirbt.

Ich bin bei dir, wenn dein Herz das Schlagen verlernt;
Wenn kein warmer Atem dein Leben mehr wärmt.

Im Dunkeln, wenn niemand dein Weinen vernimmt;
Wenn deine Hoffnung am Horizont des Trübsinns
                                        verschwimmt.

Ich bin bei dir.

Letztlich lebensfroh

Meine Heimat liegt verlassen,
Die Straßen sind verwaist.
Wo sind die Menschenmassen,
Die eine Stadt mit Leben speist?

Es erklingen keine Stimmen,
Der Tod, er schweigt sich aus –
Dann stürzt er von den Zinnen
In mein geliebtes Elternhaus.

Feuer lodert lichterloh,
Rauch wächst zum Turm heran.
Ich irre nun im Nirgendwo
Und vergess, wie ich Dich sehen kann!

So muss ich bitter weinen,
Ich suche Dich im Nichts.
Mein Gott will nicht erscheinen,
Alsdann ein Engel des Lichts

Helle Hoffnungsstrahlen sendet,
Welche mich geleiten.
Wie sich das Blatt wendet,
Wenn du Himmelsherrlichkeiten

Am eigenen Leibe erfährst;
So finde ich Dich schnell.
Wenn Du nicht mehr bei mir wärst,
Würd es niemals wieder hell.

Bleib aus diesem Grund bei mir,
Ich bitte Dich ja so!
Nur mit Dir
An meiner Seite werd ich letztlich lebensfroh.

Vollstrecker

Kannst du sanft zu meiner Seele sprechen
Oder vermagst du deine Stimme nicht zu senken?
Vielleicht willst du dich an mir rächen
Und mich schnurstracks in den Wahnsinn lenken?

Dann nur zu!
Ich bin gerüstet für den Kampf.
Vielleicht find ich nie mehr Ruh
Und ersticke in des Streites Dampf,

Der unsere Liebe bedeckt –
Du fungierst als Vollstrecker.
Was mich überdies erschreckt,
Ist dein ewiges Gemecker.

Ein Widder nimmt dich auf die Hörner.
Hättest du das je gedacht?!
Endlich wird es wieder wärmer,
Denn ich hab aus Worten Taten gemacht!

Schwur der Zerronnenen

Du glaubst tatsächlich,
Dass ich unsterblich bin.
Ist es nicht verächtlich
Und durchaus schlimm,

Einen Menschen zu erhöhen?
Ihm Götterstatus zuzuteilen?
Etwas vollends zu beschönen,
Ohne vorher zu verweilen,

Um darüber nachzudenken,
Was frau abverlangt
Dem männlich Lebenslenken;
Welcher täglich darum bangt,

Eine Familie zu ernähren,
Die er lieb gewonnen?
Sich dem zu erwehren,
Was so zerronnen

Erscheint
Wie der Sand in der Uhr?
Dieser weint
Um den Schwur,

Den lediglich die Zeit
Noch kennt,
Während es schneit
Und gleichzeitig brennt.

Vielleicht bloß eingenickt?

Unvergessen
Wie vermessen
Wie kann ich's wagen
Das zu sagen
Wo ich doch verschwand
Keinen Mut mehr fand
Für ein Vergeben

Obwohl ich eben
Daran dachte
Aber es innerlich belachte
Weil ich weiß
So ein Scheiß
Zu spät ist's nun
Auf verständnisvoll zu tun
Schließlich gehören zwei dazu
Die wie im Nu
Einander abhandenkamen

Ich will nicht kramen
In Erinnerungen – doch sie kommen wieder
So wie die Lieder
Die wir sangen
Als sich berührten unsre Wangen
Wie's Freunde nun mal machen
Gemeinsam lachen
Und weinen

Wird für uns die Sonne scheinen
Für unsre Freundschaft, die vielleicht bloß eingenickt
Ist mir ein erstes Wachrütteln geglückt
Sonst bleibt sie weiter am Schlafen
Bei den Schafen
Auf der Weide
Merkst du, wie ich leide
Dann beende diese Farce für uns beide
Bevor ich aus diesem Leben scheide

Was stimmt mit dir nicht?

Wir sollten reden. Über deine Art,
dein merkwürdiges Verhalten. Wir sollten reden.
Über die Weihnachtsbeleuchtung in deinen Rockfalten.

Wir sollten reden. Über den Fremden, der in
der Küche keinen Meter mehr geht. Wir sollten reden.
Über das blutige Messer, das neben der Alufolie steht.

Ich danke Gott so sehr dafür –
für deine Intuition, dein weibliches Gespür.

Doch was stimmt mit dir nicht? Bist du wirklich
darauf erpicht, alles abgenommen zu bekommen?
Ist dir tatsächlich die Vernunft davongeschwommen?

Wir sollten reden. Über die Hochzeitstorte, über die
dein Regenmantel halb fällt. Wir sollten reden.
Über den Polizeibeamten – den,
der berechtigte Fragen stellt.

Du bist wahrlich eines der seltsamsten Geschöpfe –
das ich mir immer wieder gerne vorknöpfe.

Doch was stimmt mit mir nicht? Bin ich wirklich
darauf erpicht, alles auf einmal zu verlieren?
Nur weil ich behaupte, mit deinereiner
zu kollaborieren?

Weisung für einen Blinden

Ich möchte deine Zukunft sein,
Triff mich nah dem Feld.
Komme dahin ganz allein,
Sei für mich der Held.

Meine Absicht steht geschrieben,
Auf einem Kieselstein graviert:
»Meine Liebste werd ich lieben,
Bis einer von uns sein Leben verliert.«

Bitte, lass es mich wissen,
Ob du ebenso denkst.
Ich werde dich küssen,
Wenn du mir den Schlüssel schenkst,

Der zu deinem Herzen führt.
Bitte gib ihn mir!
Damit dieser Blinde Weisung spürt
Und den Weg findet zu dir.

Nur du

Du hast mich einmal angelacht,
Seitdem habe ich an dich gedacht.

Auch wenn du es nicht glauben magst,
Ein Treffen auf ein andermal vertagst,

Wirst du es sicherlich schon wissen:
Ich bin dich ständig am Vermissen.

Obwohl wir uns kaum kennen
Und noch nicht einmal per Du benennen,

Scheint Verliebtheit mein Herz zu überfüllen –
Nur du kannst meine Sehnsucht stillen.

Weder Zeit noch Raum

Dich hatte der Regen übermannt,
Dein T-Shirt, es verschwand im Nichts.
Für mich war alles unbekannt,
Was sich mir zeigte in den Strahlen des Lichts.

Sie brachen sich auf deiner Haut,
Tief habe ich wohl schlucken müssen.
Plötzlich warst du mir vertraut,
Als wir zeitgleich begannen uns zu küssen.

Du hattest meinen Blick erkannt,
Bis über beide Ohren wurd ich rot.
Dann nahmst du meine zitternde Hand –
Dank deiner Berührung wich alle Scheu und Not.

Bald fanden wir uns in dir wieder,
Über mir hattest du gethront.
Riechen konnt ich im Haar den Flieder,
Der seither auch in meinem wohnt.

Gemeinsam suchten wir die Sterne,
Eine Reise Richtung Ewigkeit.
Liebe führte uns zurück zur Wärme,
In eine Sphäre ohne Streit.

Dort wären wir so gern geblieben,
Leider endet jeder Traum.
Auch für zwei, die sich so lieben,
Als gäb es weder Zeit noch Raum.

Sehnsuchtsseufzer

Noch zwei weitere Wochen
kann ich dir nicht schreiben.

Unsere Gedanken aneinander
müssen vorerst das Einzige bleiben,
was uns wie Pech und Schwefel zusammenklebt.

Der Traum einer engeren Verbindung lebt.

Nur die Zeit, das Größte aller Übel,
versagt unsere Verbindung,
weshalb ich grübel –

Nicht nur wegen der Zeit,
sondern auch,
ob wir für den nächsten Schritt
bereit sind.

Hoffnung weht herüber mit dem Wind.

Sag, empfindest du so? Ich warte bestimmt.
Solange, bis der eine den anderen in die Arme nimmt.

Für einen ewigen Moment oder länger vielleicht –
Dieses Schreiben als Sehnsuchtsseufzer,
der hoffentlich dein Herz erreicht.

Ikarus' Geliebte

Lieben wir uns an den Ort,
Wo die Engel zuhause sind.
Lassen wir uns tragen vom Wind,
Am liebsten fort

Von dieser Welt.
Du bekommst alles von mir –
Ich nehme nur das Herz von dir,
Weil es mir so gut gefällt.

Du hebst mich in die Lüfte,
Nur um mich fallen zu lassen.
Ich kann und will's nicht fassen,
Dass wir unsre Himmelsklüfte

Auf sandigem Grund bauten.
Warum lässt du mich taumeln,
An einem dünnen Faden baumeln
Und zum Abschied kein Wort verlauten?

POESIE ZWISCHEN AGONIE UND IRONIE

Das Moor

Voller Düster und Nebel liegt der Weg,
Ich bemerk keinen meiner Schritte.
Ob ich überhaupt noch leb?
Etwas erscheint in meiner Mitte:

Ein Wesen, geradezu winziger Statur,
Springt aus den Schatten hervor.
»Sag Fremder, liebst du die Natur?«,
Fragt es und versinkt im Moor.

Was soll das werden?
Wieso ist es verschwunden?
Ich vergeh in den Erden
Und wurd nicht wiedergefunden.

FARBLOS – Gelb

Ein gelber Engel küsste mich,
Mein Fokus lag auf seinem Mund;
Geschmacklich gänzlich wunderlich,
Er machte mich gesund –

Infizierte mich mit Krankheit Liebe,
Ich dachte nur daran:
Sobald ich dich zu fassen kriege,
Fängt mein Leben nochmals an.

Immer wieder musst ich warten,
Zappeln ließ er mich.
Ich hatte bei ihm schlechte Karten;
Liebe, einfach fürchterlich.

FARBLOS – Rot

Ein roter Engel sah mich an,
Ich konnt es nicht verkraften.
Ich weiß, was er bis heute kann,
Denn er blieb ständig an mir haften.

Freudig sehn ich ihm entgegen,
Ich hoffe auf den Tag,
Sobald beginnt mein neues Leben,
In dem ich niemanden mehr mag.

Ich treffe auf das Engelwesen,
Er senkt sachte seinen Blick.
In diesem konnt ich leider lesen:
Verloren ist das Liebesglück.

FARBLOS – Braun

Ein brauner Engel fasst mich an,
Ich ergreife seine Hand
Und weiß nicht, ob ich's fassen kann;
Ein unbekanntes Land,

In dem ich mich nun wiederfinde;
Völlig orphisch scheint es mir.
Diese Welt, in die ich schwinde,
Ganz entfernt vom Jetzt und Hier.

Dann lässt er ab, der Traum vorbei,
Allein find ich mich wieder.
Bin erneut so vogelfrei
Und singe seither Trauerlieder.

Farblos – Schwarz

Ein schwarzer Engel schaut auf mich,
Scheu blickt er zu mir auf.
Augen gänzlich silberlich,
Ein Zauber weht herauf,

Der lange nicht gewesen;
Jahrzehnte liegt er wohl zurück.
Und nun dies Engelwesen
Entfernt ein kleines Stück.

Ich gehe ein paar Schritte,
Ein einzger war zu viel.
Schwarz wird meine Mitte,
Vorbei der Engel Spiel.

Verwunschen

Dein Gesang durchdringt das dicke Geäst,
Er führt mich hypnotisch zu deinem Orte.
Unsichtbar halten mich deine Hände fest,
Dieses Schauspiel beschreiben keine Worte.

Auf eine Lichtung gezogen werde ich,
Glaube mich jetzt ganz in deiner Nähe.
Ich finde es höchst wunderlich,
Da ich dich weiterhin nicht sehe.

Plötzlich wird's dunkel um mich herum,
Auch deine Stimme verklingt sofort.
Verzweifelt blick ich mich nach dir um.
Was ist das für ein verwunschener Ort?

Sirene

Ist das hier die Realität?
Siehst du diese auch?
Oder ist es für uns zwei zu spät?
Löst sich alles auf in Rauch?

Eine andere seh ich vor mir,
Wunderschön und nackt.
Sie zieht mich weiter weg von dir
Und hat mich fest gepackt.

Stöhnend flieg ich weiterhin
Der stillen Schönen nach.
Verloren ist mein Herz, mein Sinn
Und vergessen jeder Sonnentag.

Verspeist werd ich zum Frühstück,
Ich armer, armer Tor.
Lebendig und in einem Stück
Versink ich wie im Moor.

August ist gewesen

Schwarze Tropfen, des Nachts an unserer

Fensterscheibe,

Bedeckten diese, wie die Gänsehaut auf dem Leibe,
Den ich zu lieben glaubte;
Bis zu der Mitternachtsstunde,
Welche mir meine Muse raubte.

Wein trat aus der Wunde,
Wo einst dein Herz gewesen.
Aus diesem vermutete ich zu lesen:
»Liebling, gerne spiele ich weiter.
Du kannst derweil deine Bilder malen.«
Dabei warst du nicht heiter,
Also musste ich's dir heimzahlen.

Denn Lügen sind verboten –
Bei Lebendigen und Toten.

Dein Kreischen ging im Gewitter unter;
Dein Herz schlug pochend ständig munter,
Bis ein Rattenschwarm dein Spiel verstörte
Und ich genüsslich hinhörte,
Als sie dich in der Kammer fanden,
Zusammen mit dem Flügel.

Manipuliert war der Abzugsbügel
Deiner einzigen Verteidigung,
Welche ich sein sollte,
Was ich nicht wollte,
Sodass wir auf deiner Beerdigung
Landen.

Obwohl ich von nichts weiß,
Schmilzt neben mir das Eis;
Du bist am Verwesen
Und August ist gewesen.

Schwarzer Sonnenstrahl

Ein Buch voller Ideen
Liegt vor mir aufgeschlagen;
Ohne Elfen und Feen.
Fässer voller Kerosin werden getragen

Von seelenlosen
Kreaturen;
Meuternde Matrosen
Hinterlassen ihre Spuren.

Eine Kassette voller Töne
Leg ich in den Recorder ein.
Sie sagt mir: »Hallo Schöne,
Willst du nicht mehr traurig sein?«

Lange Tage war ich einsam,
Nun ein schwarzer Sonnenstrahl;
Gemeinsam
Mit einem allerletzten Mahl:

Eine Pille voller Träume
Führ ich zum Mund hinauf.
Von dort aus kommen Schäume,
Allesamt fang ich sie auf;

Bis mir die Sinne schwinden,
Kein Licht ist mehr zu sehn.
Den rechten Pfad konnt ich nicht finden,
In Agonie musst ich vergehn.

Gehauchtes Himmelsglück

Ein tiefes, schwarzes Dunkel
Zieht am Firmament herauf
Es glänzet wie Karfunkel
Ich steig in Höhen auf

Die ich selber noch nicht kannte
Eine völlig neue Welt
Sie ist wie die verwandte
Die zu Asch und Staub zerfällt

Ich stürze mit ihr nieder
Hör noch ein letztes Stück
Von der Engel Lieder
Gehauchtes Himmelsglück

Totes Bleichgesicht

Schneller falle ich vom Weg ab
Für ein totes Bleichgesicht.
Die Zeit für mich wird knapp,
Denn verwelken muss das Licht,

Das in einer Katastrophe mündet,
Da es den Geschmack der Lüge liebt.
Selbst Thanatos hat sich verbündet,
Der sonst den Abschaum aussiebt.

Doch er sah die Sucht der Agonie
In meiner verqueren Lebensweise,
Die ich vor seine Füße spie
Auf dem ersten Teil der Reise,

Welchen ich alleine ging,
Obwohl er mich begleitete.
Nun trag ich seinen Ring,
Weil er den Blick fürs Wesentliche weitete.

Und das Vergnügen belebte,
Wenn jemand zu ihm findet.
Wonach ich damals nicht strebte,
Während sich heute alles verbindet

Mit dem Feuer von unten,
Das mich lebendig begräbt.
Ich habe mich in den Tod gewunden,
Der an meinem Lebensfaden sägt.

Mit seiner glockengleichen Stimme
Dringt er an mein Ohr.
Ob ich den Todeskampf gewinne?
Zukunft, was hast du mit mir vor?

QUALVOLL

Quälende Volition,
Unterdrückende Oszillation,
Atemloses Leiden,
Lethargische Lebenszeiten

Umschließen mich.
Wie konnte ich nur?
War es letztendlich
Mein todbringender Schwur?

»Ich wollt es so haben!«,
Verfluche ich mich
Und vergesse die Raben,
Die genüsslich

Die Maden aus mir picken –
Gefühle ade.
Es gibt nichts zu flicken,
Denn mir tut nichts mehr weh.

Zu lange gelitten
Unter dem Status quo –
Die Kehle durchschnitten,
Um endlich wieder froh

Dem Leben etwas abzuringen.
Am Ende wollte ich erzwingen,
Was lange auf meiner Stirn geschrieben stand
Und nun zerrinnt wie mein letztes Körnchen
                                    Lebenssand ...

Engel ohne Schwingen

Ein Lächeln ist möglich, doch nur zum Schein geboren,
Denn ein Engel auf Erden wirkt stets verloren,

Da ihm dort die Flügel fehlen.
Ein Engel ohne Schwingen – ein einziges Quälen.

Sobald er seine Brut verlässt,
Fallen die Blüten vom sicheren Geäst,

Die wie Dornen ihn zerstechen
Und seinen Lebenswillen brechen.

Licht, das sonst vom Himmel scheint,
Sehnt sich nach droben, wenn es weint.

Wodurch der Engel letzten Endes doch begreift,
Dass man sich an Erdenkindern nicht vergreift.

Bis man den Verstand verliert

Kurven und Geraden
Entladen
Sich

Wissenschaftlich
Hinter meinen Linsen

Binsen-
weisheiten
Darüber lässt sich streiten

Nur Formeln sind fixiert
Bis man den Verstand verliert

Schuhe ohne Schnüre

Durch dick und dünn sind wir gegangen,
wir konnten zum Herz des anderen gelangen.

Doch dort angekommen, wussten wir nicht weiter;
diese Erkenntnis machte uns alles andere als heiter.

Auch einen Clown zum Frühstück zu verzehren,
konnte unsere Beziehung nur zusätzlich erschweren.

Und das, obwohl ich selbst dessen Schuhe
runterwürgte und sich unser Mädchen
unter Eid für mich verbürgte.

Dennoch konntest du es einfach nicht vergessen,
dass ich deine Lieblingsschuhe genüsslich
habe mitgegessen.

Und wäre dies nicht schrecklich schon genug,
nahm man mich gefangen
wegen mehrfachem Betrug.

Denn bei Schuhen ohne Schnüre
hört das Lachen plötzlich auf;
wie für mich und meine Ehe
und meinen Schnürsenkelverkauf.

Verachtung

Alles glaubte ich, durch die Ehe zu gewinnen,
leider schien ich mich nicht rechtzeitig zu besinnen.

Die Hochzeitsnacht zu dritt lief gut soweit –
Doch dann kam meine Frau und suchte Streit:
Was mir einfallen würde
mit anderen Frauen zu verkehren?
Ich meinte: »Wenigsten fiel diesen nicht ein,
sich über mich zu beschweren!«
Erbost knallte meine Liebste die Türe zu,
ich dachte: Nun ist endlich für alle Zeit Ruh.

Pustekuchen! Schon am darauffolgenden Morgen
brachte sie mir die nächsten Sorgen:
»Sieh mal,
meine Koffer sind gepackt!«
»Das kann nicht sein,
hast du deinen Kleiderschrank entschlackt?!«,
wunderte ich mich,
bis einer ihrer Schuhe mich tangierte
und sich ein bleibender Eindruck
auf meiner Stirn manifestierte.

Als ich aus meiner Ohnmacht wieder zu mir kam,
schien meine Frau auf einmal lammzahm.
Denn Gewalt musste sie nicht weiter anwenden,
um diese Ehe zu ihren Gunsten zu beenden ...

Für den Ehevertrag hatte ich meine Brille vergessen –
Sie war das Einzige, was ich zuvor hatte besessen.
Nun bleibt mir wieder nichts außer dieser Brille
und ewig während Stille,
um darüber nachzudenken,
seinem Verstand auch etwas Beachtung zu schenken.

Völlig verschwommen

Schwarze Wolken hängen über meinem Leben,
Die Sonne scheint für jeden außer mich.
Was würde ich für »Freude« geben,
Die mich einfach gänzlich
Verändern könnte?

Doch da sie mir keine Zuwendung gönnte,
Falle ich vom Glauben ab.
Wie konnt es dazu kommen?
Ob ich noch eine Zukunft hab?
Oder ist diese völlig verschwommen?

Verwesung

Sengende Hitze
Fließt an mir nieder;
Seht, wie ich schwitze,
Durchtränkt sind die Glieder,

Welche Werkzeug gewesen,
Lange ist's her.
So beginnt zu verwesen,
Was einst lebte so schwer.

Keiner wollte mir sagen,
Dass das Lieben sich lohnt;
Wenn verbleiben die Tage,
Die man diese Erde bewohnt.

Auf dem schwarzen Steg

Blutlachen suchen ihren Weg,
Meinen habe ich gefunden:
Auf dem schwarzen Steg,
Wo du dich letztlich gewunden

Hast vor Schmerzen, so wie ich;
Im Dezember, er war aschegrau.
Früher, ja da liebt ich dich,
Damals warst du meine Frau;

Die es vortrefflich
Arrangierte
Und mich entsetzlich
Deformierte;

Als sie mich ins Feuer
Stieß
Und zum Ungeheuer
Avancieren ließ.

Kein Spiegelbild
Wollt seither passen;
Kein Mensch war mild
Und konnt es fassen,

Was aus dem Nachbarn, Freund geworden
Ist.
Er für sie gestorben,
Dank des Weibes List;

Die nun die Strafe
Recht ereilt:
Wie die Sense überm Schafe
Nicht verweilt,

Sondern sich ihren Weg
Genüsslich bahnt;
Auf dem schwarzen Steg.
Hättest du's geahnt?!

Obsolet

Tropfen tropfen auf den Asphalt –
Ich fühle mich müde, mein Herz ist kalt

Durch dieses schmuddelige Schmuddelwetter.
Wo bleibt der Sommer als strahlender Retter?

Welch Schreck, der Winter steht erst vor der Türe!
Dass ich endlich wieder Wärme spüre,

Ist mein inniger und letzter Wunsch; zurzeit
Fehlt es an Heiterkeit,

Die einzig du mir zu geben vermagst.
Meine Hoffnung: Dass du die Rettung nicht vertagst,

Sondern sofort den Prozess initiierst;
Mich nicht aus den Augen verlierst,

Bevor mein Herz an Wehmut vergeht
Und mein Status sich festigt in »obsolet«.

Vater ewiglichen Leids

Der erste Schnee
Fällt sacht hernieder.
Eine blaue Fee
Singt Trauerlieder:

»Sonne,
Wo bist du geblieben?
Wärmende Wonne
Wurdst du vertrieben?

Nun nur Frost
Zwischen den Flügeln.
Fast wie Rost
Auf metallenen Hügeln.

Die schönen Strahlen
Sind verblasst.
Muss jeder bezahlen
Dafür, dass man Träume nicht fasst?«

Diese Frage
Stellt sich die Fee.
Neben ihrer Klage
Wächst eisiger Klee

Vor ihren Füßen –
Doch sie resignierte bereits.
Und muss nun begrüßen
Den Vater ewiglichen Leids.

Mitternacht

Ist's Mitternacht?
Alles lacht
Was erwacht

Und erschrecken will
Was tags still
Wie Silent Hill

Am Schlafen ist
Um mit List
In einer Frist

Von sechs Stunden
Runden
Und Wunden

Zu drehn
Schrecken zu säen
Ohne sich vorzusehn

Zweifach Angst verbreiten
Ohne zu streiten
Sich dazu verleiten

Schabernack zu treiben
Im Dunkeln zu bleiben
Sich die Hände zu reiben

Wenn es funktioniert
Grusel expandiert
Man den Verstand verliert

Frau sich ins Röcklein macht
Alles Geistervolk lacht
Dann ist's Mitternacht

In den Armen der Nacht

In den Armen der Nacht gewogen
Ohne von den warmen Strahlen der Sonne durchzogen
Worden zu sein
Als Nachtmahr ist man allein
Auf dieser Welt

Da man das Mondlicht in Händen hält
Bleibt die Haut immerzu bleich

Geister sind von der Farbe her gleich
Und wandeln ebenso zur 24. Stunde
Um alle Häuser, Runde für Runde
In der Hoffnung, Schrecken zu verbreiten
Und das bis in alle Ewigkeiten

Herbstlich

Die pulsierende Präsenz
Wird umarmt von der Stille.
Farben weichen aus deren Essenz –
Auslöser ist ein winterlicher Wille.

Wehmütige Gedanken
Wehen mit kalter Luft heran.
Und beginnen, das zu umranken,
Was nicht mehr länger frei sein kann.

Ein Abschluss wird gefunden,
Der sich reminiszierend reflektiert.
So ist alles in Einsamkeit verbunden,
Bis sich diese in wärmenden Strahlen verliert.

Zerschelle ich am Schicksalsriff?

Zu schnell
Zu laut
Zu grell

Nicht vertraut
Und trotzdem eingebaut
In dieses Gruselkabinett
Wo mich das Skelett
Die ganze Zeit belächelt
Während meinereiner
Umherhechelt
In der Hoffnung nach Luft
Dem befreienden Duft
Der kein Nikotin beinhaltet

Ich weiß nicht, ob sich abschaltet
Mein Gehirn
Ich vermute es hinter meiner Stirn

Nicht mehr für lange
Denn eine Würgeschlange
Hat mich fest im Griff

Zerschelle ich am Schicksalsriff
Oder kann ich diesem Albtraum entkommen
Das Zyankali habe ich bereits in den Mund genommen

                                                    ...

Eines Wahnsinnigen Schrei

Ich erinner mich an Gelächter,
Plötzliche Achterbahngefühle,
Eine unerträgliche Schwüle
Und den pandämonischen Wächter.

Dieser rief mich zu sich nah heran,
Meine Beine spürte ich nicht mehr.
Die Augen brannten vom Schwefel sehr,
Dennoch zog er mich in seinen Bann.

Ein Narr war ich auf Erden lange,
Leider ist die Zeit für mich vorbei.
Was bleibt: eines Wahnsinnigen Schrei –
Der Kampf gegen die erste Schlange.

Wie's Ende vorm Anfang kam

Tatsächlich vollendet –
Ein weiteres Jahr.
Mit Alltäglichkeiten verschwendet,
Was bin ich für ein Narr?

Erneut viel zu lasch
Meine Liebste geliebt.
Die Zeit vergeht rasch,
Wenn man diese bloß siebt

Und nicht vermag,
Sie zu deuten für sich.
Verschwendet ein Tag –
Oh, wie fürchterlich!

Nicht mehr zu retten –
Für immer dahin.
Ich könnte glatt wetten,
Ich verliere den Sinn

Und meinen Verstand,
Hätt ich je einen besessen.
Hätt ich's noch in der Hand
Und würd nicht gefressen

Von Unfähigkeit –
Mein steter Begleiter.
Treue Vergänglichkeit,
Mein apokalyptischer Reiter,

Du musst gar nicht traben,
Du kriegst mich auch so;
Mit deinen Raben,
Nur so werd ich froh.

Vergehe ganz langsam,
Schon immer gesollt.
Wie's Ende vorm Anfang kam,
Mich bald überrollt.

Eine Frage bleibt offen:
Gibt's einen Plan B?
Bin ich tödlich getroffen
Oder sag ich Cronos »Ade«?

Unergründliche Verbundenheit

Sie ist die Zeile zwischen den Zeilen
und für niemanden zu verstehn.
Bei ihr kann man nicht verweilen,
sondern muss augenblicklich weitergehn.

Auf dem Rücken eines Schimmels
lacht der Puppenspieler laut,
seine Visage beängstigend
und dennoch unheimlich vertraut;
als ob alles Leben
auf seinem Grabstein wäre aufgebaut.

Er ist fantastisch, nicht zu retten
und ignoriert sämtliche Warnhinweise.
Dabei liegt er alle Zeit in Ketten,
erzählt aber täglich von einer neuen Reise.

Auf einem ausgetretenen Pfad
begegnen sich die beiden;
rechts und links von ihnen grüne Auen
und saftige Weiden,
die zunehmend verblassen,
während die Zwei zeitgleich scheiden.

Sie sieht ihn auf Schatten schießen
und in einem weißen Laken salutieren.
Dabei beginnt er Türen zuzuschließen,
die in seiner Brust beinahe explodieren.

Auf dem Schlachtfeld des Lebens
jämmerlich versagt zu haben,
denken sich die beiden.
Ihr Blut klebt an all den Gaben,
die die Zwei zurücklassen
wie ihre einzigen Gäste: die Raben.

Er erkennt sie trotz Schneeblindheit
und tiefster Dunkelnacht.
Jetzt endlich herrscht unergründliche Verbundenheit,
denn sie hören, wie der Puppenspieler letztmals lacht.

Teufelskreis

Der Nächsten hinterher geschaut –
Ich kann's einfach nicht fassen!
Noch hab ich mir nichts verbaut,
Will aber zeitgleich keine von ihnen verpassen.

Diese Wesen locken mich
Aus meinem Häuschen stets heraus.
Ich selber find es widerlich,
Breche aus diesem Teufelskreis nicht aus.

Wann werd ich überwinden
Der Venus' Töchter Fallen?
Gelingt's mir, einen Ausweg zu finden
Oder haben sie mich bereits in ihren Krallen?!

Gefallen

Gefallen

Jeden Tag
Die Krallen
Welche ich mag

Seit Anfang an
War ich ein Tor
Was ich gewann
Was ich verlor
Interessiert keinen

Es herrscht die Zeit
Jämmerlich zu weinen

Die der Traurigkeit

Alle Türen waren offen
Ich entschied mich für die erste
Bin nun tödlich getroffen

Der letzte Schritt ist der schwerste

Ich entschied mich für Zahl

Bunte Lichter blenden,
Laute Musik ertönt dazu.
Gelingt's mir, zu beenden,
Was mir nachts lässt keine Ruh?

Am Anfang akzeptiert,
Am Ende ist's zum Fluch geworden.
Ob man hier den Verstand verliert
Und Lust daran findet, wahllos zu morden?

Ausprobieren will ich's nicht,
Vielleicht hab ich mittlerweile keine Wahl?
Letztlich hypnotisiert durch das bunte Licht
Fällt Kopf – Ich entschied mich für Zahl!

Reflatus maximus

Blut tropft von meinen Händen,
Ebenso aus deinem Torso.
Ich konnte das Unglück nicht abwenden –
Am Ende war es der schrecklichste Korso,
Den wir je entlanggefahren sind.

Tränen fließen auf den Boden
Und benetzen dein liebliches Gesicht.
Ich habe dich sachte aufgehoben,
Wenngleich der Sanitäter zu mir spricht:
»Loslassen, schließlich geht's hier um Ihr Kind!«

Schweiß findet seinen Weg,
Ganz kalt und schlecht ist mir geworden.
Ob ich selber denn noch leb?
Inzwischen ist auch meine Tochter gestorben,
Während irgendwo sich dreht der Wind.

Rauer Wind
und wahre Strophen

Alles wirkt so still

Hier sitz ich nun alleine
Auf einer schnöden Bank
Und sehn mich nach dem Heime
Ich glaube, ich bin krank

Ein schönes Haus im Tale
Ist alles, was ich will
Doch ich fühl mich wie im Saale
Alles wirkt so still

Kein Mensch ist hier zu sehen
Puppen, mehr auch nicht
Ich muss sie nicht verstehen
Denn sie verstrahlen falsches Licht

Ein Wunsch

Ein Wunsch, gewünscht auf einer Bergspitze,
war letzten Endes nicht viel nütze,

denn eine Lawine kam und wusch ihn weg.
Das Einzige, was blieb, war der Schreck,

weil eine weitere Woche
in schlaflosen Nächten kenterte
und mein Kopf davonschwamm,
nachdem mich enterte

die Traurigkeit
einer längst verschollenen Empfindung.
Mein Herz schlägt weiter,
sehnt sich nach der Bindung
–
einer Menschenbindung,
die keine Flutwelle fortzuspülen vermag.
Ich fühl mich wie ein Frack,
wartend auf den Tag,

an dem ich geborgen werde
vom Meeresgrund.
Noch habe ich Atem,
doch entkomme ich gesund?

Sage ich »Leb wohl«, damit es nicht mehr wehtut?
Oder schenkt mir jemand den erhofften Mut

und lichtet den stürmischen Himmel für mich?
Dann sähe ich das Feuerwerk – sicherlich.

Im Moment des Augenblicks

Ein flüchtger Blick,
Ein erstes Augenaufeinander
Festigt mein Geschick
Auf den Wegen, die ich wander.

Zwei schnelle Schritte,
Schon steh ich vor der Lichtgestalt.
Doch in ihrer unbeschreiblich Mitte
Suche ich vergeblich Halt.

Drei Wimpernschläge weichen,
Ein Bündnis zwischen unsren Lippen;
Dies lässt mich erbleichen –
Ein Dolchstoß zwischen meine Rippen.

Vier trockne Tränen triefen
Im Moment des Augenblicks.
Die Gefühle, die einst schliefen,
Erwachen durch des Glücks

Fünf frohe Freudenkunden:
Liebe, Leben, Hoffnung, Vertrauen und Geduld.
Endlich habe ich gefunden
Gottes ewigliche Huld.

3600 Sekunden nicht nur für dich

Dreitausendsechshundert Sekunden –
Eine ganze Stunde nur für dich.
Was hast du bereits in einer gefunden,
Die dich nicht gänzlich

Verändert haben sollte?
Schon einmal darüber nachgedacht,
Was ich dir Gutes tun wollte
In unserer vergangenen Nacht?

Nein?! Kein Wunder, kein Gedanke
Wurde von dir verschwendet,
Wurde von dir sinnvoll beendet.

Was ist seit eben die Schranke
Zwischen uns beiden?
Zwischen uns leiden

Nicht nur wir!

Ist's genau so?

Ganz bewusst ignoriert zu werden,
Fühlt sich ein kleines bisschen an wie sterben.

Nicht zu wissen, was man falsch macht –
Darüber habe ich oft nachgedacht.

Heuchelei, wenn's nicht anders geht,
Ist etwas, was meinereiner nicht versteht.

Vielleicht ist mein Intellekt dafür zu klein,
Aber ich hoffte wirklich, wir könnten Freunde sein.

Liebe, junge Menschen finde ich selten;
Traurig, dass mich so viele ins Abseits stellten.

Bist du zu mir genau wie die andern,
Die mit und nicht gegen den Strom wandern?

Dann sag mir bitte hier und jetzt:
Ist's genau so? Dann hab ich letztmals deine Zeit
                                        verletzt!

Die letzte Prüfung

Heute hat mir die Uni gezeigt,
Dass nichts Sinnvolles im Hirne bleibt.

Denn die Prüfung über 24 Seiten
Konnte nur das Ausmaß weiten,

Die Tatsache, wie banal Prüfungen sind,
Die entscheidend sind für jedes Kind,

Das im Klassenzimmer sitzt
Und mühsam eine Antwort erschwitzt –

Obwohl es anders sein sollte.
Ich für meinen Teil wollte

Nie Tests ausgeliefert sein,
Mögen sie auch noch so klein

Vor mir liegen.
Niemand kann Prüfungen besiegen,

Sie besiegen einzig dich!
Wie jämmerlich,

Dass die klügsten Köpfe es wissen
Und lieber gemächlich, aber beflissen,

Ihren eigenen Nutzen maximieren,
Ohne Gedanken daran zu verlieren:

Wie prüft man alle gerecht und fair?
Ihr Denker, warum fällt euch so schwer,

Was viele »Kleine« durch Aufmerksamkeit schenken,
Ohne dabei vom Wesentlichen abzulenken?

Vielleicht habt ihr noch nicht zu Ende gedacht –
Vergesst nicht, die letzte Prüfung habt auch ihr nicht
gemacht ...

Herzhaft

Was soll ich denn noch sagen,
Wenn jeder der Millionen Fragen
Antworten gegenüberstehn?

Was soll ich denn noch fragen,
Wenn jeder der Millionen Sagen
Zweifler gegenüberstehn?

Wo bleibt der Zweck?
Wo bleibt der Grund?
Getrieben ins Eck!
Getrieben in den Todesschlund!

Dabei sollten wir doch einfach träumen
Und keinen Augenblick versäumen;

Denn für so was ist das Leben nicht gemacht,
Vielmehr dafür, dass man herzhaft lacht.

Im Globeraum

Ein voller Zug zur Mittagsstunde –
Kein Deutsch, das ich verstehe,
Öffnet eine Herzenswunde,
Die ich bei keinem andern sehe.

Jeder lebt plump in den Tag hinein –
Dabei fragt niemand: »Warum
Bin ich bloß so dumm
Und verschwende mein Jetzt und Sein?«

Mein Land verschmilzt im Globeraum –
Wie kam es nur dazu?
Verblasst erscheint mein Heimattraum,
Vergangen ist die Herzensruh.

Lose Verse

Naiv
Noch nie probiert
Nun das erste Mal gescheitert
Der Buchstabe »N« hat welchen Stellenwert
Ist er teurer als ein »I«
Billiger als ein »E«

Also schreibe ich
Ohne einen Reim zu vollenden
Es fühlt sich falsch an
Wie so vieles heutzutage

Meine Reime machen mich aus
Ich mache sie zu dem, was sie sind
Kunst
Verkannt wird diese

Zu weit sind die gegangen
Denen Vollkommenheit zu gewöhnlich ist
Chaos als Bestreben
Wo Ordnung propagiert wird

Eine verrückte Zeit
In der alles aus dem Ruder läuft
Und lose Verse
Als Kunst gelten

Nicht ausreichend

Alles weiß vor meinen Augen,
Nichts Farbiges in meinem Blick.
Dies wird mir nochmal alles rauben:
Meine Muße, mein Geschick.

Ein Schreiber bin ich durch und durch,
Nichts andres will ich sein.
Doch manches Mal, wie fürchterlich,
Fällt mir nichts Gescheites ein.

Ich ringe dann nach einzlen Worten,
Einem Buchstaben vielleicht.
Hinterher muss ich verorten,
Warum es doch nicht immer reicht.

Frieden der stillen Ruhe

Das Wasser still, die Menschen laut –
Ein Bild, das man des Öfteren schaut,

Wenn man dieser Tage handelt
Und hektisch durch sein Leben wandelt.

Dabei ist Ruhe ein wichtiger Punkt,
Die den inneren Frieden anfunkt:

G

»Hallo, bitte zeige dich;
Ohne dich ist's fürchterlich,

Denn rastlos muss ich sein;
Ohne dich fehlt Sonnenschein,

Vielleicht nicht draußen, aber im Herzen;
Ohne dich beginnt mein Leben sich zu schwärzen.«

Also, wo bist du? Komme geschwind!
Ohne dich bin ich ein trauriges Kind

Und möchte nicht weiter durchs Leben hetzen.
Schenk mir die Zeit, Ruhe wieder wertzuschätzen.

Und Stunden voller Frieden,
Wodurch wir den Zeitgeist besiegen,

Welcher uns Menschen vergessen lässt,
Die liebliche Stille ganz fest

An uns zu binden,
Um den Sinn des Lebens,
Des ehrlichen Vergebens,
Final zu finden.

Weswegen du aufstehst

In kalter Nacht, so ganz allein,
Musst du gar nicht traurig sein.

Denn um dich rum, du glaubst es kaum,
Ist stets ein gut geschützter Raum.

Der dich wärmt, wenn es dich friert
Und nie an Intensität verliert.

Deine Tränen trocknen von allein;
Durch des Raumes lichten Schein

Besteht auch keine Dunkelheit,
Sondern Wonne weit und breit.

Also kletter munter weiter
Empor die lange Himmelsleiter;

Und zage nicht zu lange,
Sonst wird dir angst und bange.

Nutze die Hände, die dich umschließen,
Um dein Leben vollends zu genießen,

Während du weiter im Blick behältst,
Weswegen du aufstehst, nachdem du fällst.

Heimat ist ...

Heimat ist,
Wo du geborgen bist;

Sich Arme um dich winden
Und nicht einfach so verschwinden,

Sondern Zeit für dich haben,
Bei Freude und bei Klagen.

Ein Ort,
Von dem du nicht fort

Willst,
Da du dort die Sehnsucht stillst,

Nach der dein müder Körper schreit,
Während dein Glaube dich befreit

Von zweifelhaften Gedanken,
Die sich um dich ranken.

Ein Platz,
Den du mit einem Satz

Zusammenfasst
Und perfekt beschrieben hast:

Wo das Glück naht,
Dort ist Heimat.

Verbunden

Verabschiedungen fallen niemals leicht,
Vor allem nicht, wenn aus dem Leben weicht,

Was einem von Anbeginn bestens bekannt:
Die einzig wahre Mutterhand

Scheint fern und nicht mehr zu erreichen.
Doch auch im Jenseits wird sie nicht von deiner Seite
weichen,

Denn Mutterliebe geht weit über den Tod hinweg.
Zwar sitzt der Abschiedsschreck

Tiefer als zunächst geglaubt,
Zum Glück ist die Hoffnung aber nicht geraubt

Auf ein Wiedersehen zur rechten Zeit.
Bis dahin sind Gedanken gar nicht weit,

Die den Schreck vergessen lassen,
Da Liebende einander fassen:

Im Geiste und zu allen Stunden
Sind sie im Herzen ewiglich verbunden.

Geschieden

Die Nacht zum Tag,
Weil ich es mag;
Nicht weil ich es kann,
Sondern weil ich dachte, irgendwann
Soll der Mond meine Sonne sein.

Endlich fällt mir wieder ein,
Warum ich zum Nachtschwärmer geworden
Bin und noch nicht verstorben
Hier –

Denn eine Sternschnuppe um vier
Hat mich wachgeküsst
Und mich wackliges Gerüst
Aufgehoben.

So weit oben
War ich wirklich nie,
Sodass ich niemals wieder flieh
Von diesem Ort, der anders ist,
Weil du von der Welt geschieden bist.

Jedermanns Zeit

Jedermanns Zeit ist begrenzt auf dieser Welt –
Niemand weiß, wie lange es einen hier hält.

Weswegen wollen wir dann unsere Zeit verschwenden?
Sinnlose Kriege nicht schnellstmöglich beenden?
Haben wir Angst, Fremden die Hand zu reichen?
Oder alte Schulden nach Jahren zu begleichen?
Können wir überhaupt noch den Schalter umlegen?
Oder resignierten wir bereits im eisigen Regen
Der Gleichgültigkeit?

Ist es nicht an der Zeit,
Frieden zu stiften?
Anstatt seine vergängliche Hülle zu liften,
Um den Schein zu wahren,
Auch nach zig Jahren,
Weiter wie ein junger Mensch zu leben?
Wollen wir dieses Geld nicht der Zukunft geben?

Zu viel Verschwendung hat Einzug erhalten,
Verwaltet wird es von Bürokraten, den alten.
Veränderungen oder gar Revolutionen
Missfallen ihnen in den meisten Situationen.
Die wenigsten wollen, was die meisten fordern;
Offenbar möchte die Regierung Anarchie beordern.
Es gibt viele hungrige Mäuler zu stopfen;
Blut beginnt aus der Brust aller Menschen zu tropfen,
Die arbeiten und nur ein Butterbrot erhalten.

Tatsächlich beginnen wieder viele die Hände zu falten;
Doch nur um Gott für alles verantwortlich zu machen,
Sodass man dieser Tage kaum noch lachen
Kann,
Obwohl jedermann
Seine Zeit selber begrenzt,
Solange du nur engstirnig im Kreise rennst.

Fang doch an, auch anderen eine Chance zu geben!
Vielleicht scheint dann die Sonne in deinem Leben?
Wir alle sind Menschen – ich will bloß Frieden
Und habe Streit bestmöglich vermieden.
Denn was nützt es mir, alles Goldene zu besitzen,
Wenn ich parallel damit starte, mein Herz
                                    herauszuritzen?

»Humanität für jeden!« ist mein Appell an alle,
Die in die Falle
Des Materialismus gingen.
Entscheidend ist es, das Wichtigste zu erringen:
Nämlich jeden Tag etwas Liebe zu spenden,
Um das große Übel doch noch abzuwenden.

Denn niemand weiß, wie lange es einen hier hält –
Jedermanns Zeit ist begrenzt auf dieser Welt.

Sind wir nicht Narren?

Wir überspannten den Bogen,
Haben mit dem Feuer gespielt,
Uns selber betrogen
Und zwischen Augen gezielt

Mit unsichtbaren Knarren,
Die keine Kugeln verschießen.
Sind wir nicht Narren,
Wenn wir wahllos Blut vergießen?

Erinnerungen jagen uns täglich,
Bei Regen oder Sonnenschein,
Und brennen unsäglich
Wie Gottes Mahl auf Kain.

Die Mauern, die uns schützten,
Waren auf Sand gebaut
Und stützten
Nichts von dem, auf was wir haben vertraut.

So irren wir als Fremde,
Da wir Liebende gefährden,
Und finden ein jähes Ende,
Alsbald wir geächtet werden

Vom Großen Richter –
Wir kennen Ihn alle.
Noch einmal sehen wir die Lichter,
Bevor sich ewig schließt des Teufels Falle.

Tohuwabohu

Berlin, du bist so wunderbar –
Nicht!
Ich bin kein Narr,
Der darauf erpicht

Ist,
Länger zu leiden
Durch List,
Die langsam auszuweiden

Beginnt,
Was ich mühsam zusammenklaubte,
Was nun wie Sand durch Finger rinnt,
Obwohl dieser törichte Mensch glaubte,

Bestehen zu können
In diesem Tohuwabohu,
Doch lang ersehnte Ruh
Will diese Stadt niemandem gönnen.

Lebenslenker

Tausende von Knospen
sprießen überall hervor,
sie veredeln jeden Garten
und dessen Eingangstor.

Die Sonne als Gespielin
kitzelt Blüten in die Welt,
bis der erste Regen
auf die schönen Blumen fällt.

Dann werden sie noch größer,
türmen sich fast auf,
sodass ich eine kleine Pause
gerne nehm in Kauf.

Um Ruhe zu entdecken
wie die Blütenpracht,
die mit dem Wind herüberweht,
sodass meine Seele lacht.

Denn sie hätt beinah vergessen,
was Gott uns hat geschenkt,
dass Er als unser Schöpfer
unser Leben leise lenkt.

Oblivio

Anfänglich habe ich gedacht:
Bedenke stets, was du gemacht!
Gerade erst etwas vergessen,
Reimst du, wie vermessen
Und unnötig dein Versäumnis war,
Nachdem du zur Strafe klar
Den Fehler niemals wieder verbuchst

Und im Abgrund »   « verfluchst!
O
B
L
I
V
I
O

Die Rückkehr des Reims

Es war einmal ein Reim gewesen,
den hatte noch nie zuvor ein Mensch gelesen.
Schöne Wörter hatte er enthalten,
eine ganze Sprache konnte sich durch ihn entfalten.

Jedwede Aufmerksamkeit
machte sich der Reim zu eigen,
denn er wollte seine Schönheit pausenlos zeigen.
Doch die anderen Sätze verstanden es nicht:
»Was macht diesen Reim besser als mich?«
Deswegen wurden die Sätze zornig auf den Reim,
dieser durfte fortan nicht mehr unter ihnen sein.

Verstoßen von den Sätzen irrte der Reim umher
und fragte sich ständig:
»Warum mag man mich nicht mehr?«
Leider wusste er keine Antwort auf seine Frage
und so vergingen viele, viele Tage.

Pfade, Wege und Straßen ging der Reim entlang,
in der Hoffnung auf einen baldigen Neuanfang.
Leider mieden ihn auch andere aufkreuzende Sätze,
der Reim wurde verwiesen auf die hintersten Plätze.

Am Ende der Welt schließlich angekommen,
kam auf den Reim etwas Funkelndes
zugeschwommen.

Ein Licht der Erkenntnis durfte er finden,
um endlich von diesem einsamen Ort
zu verschwinden.

Alles drängte den Reim zurück zu seinem Verbund,
also überquerte er erneut den Erdenrund.
Als zu wichtig hatte sich der Reim erachtet,
nach zu viel Aufmerksamkeit tagtäglich getrachtet.

Mit diesem Wissen ging er zurück zu den Sätzen
und lernte, jeden einzelnen von ihnen wertzuschätzen.
Frieden konnte zwischen allen geschlossen werden
und so lebten sie glücklich zusammen auf Erden.

Dem Reim wurde bewusst,
trotz seines Besondersseins,
für dein Leben gilt vor allen Dingen eins:
Jeder ist wertvoll auf seine spezielle Weise –
Bedenke dies stets während deiner Lebensreise!

Geduldsfadenriss

Bitte, weiche nicht vor mir,
Denn eines sag ich dir:

Dass ich ein netter Zeitgenosse bin.
Klar habe ich Schabernack im Sinn;

Wer hat das nicht?
Und wer ist schon ständig darauf erpicht,

Durch Normen sein Wesen zu verbiegen?
Aufoktroyiertes müssen wir besiegen,

Um wieder frei unser Leben zu leben
Und es nicht Arbeit und Staat zu geben.

Dafür ist es zu kostbar!
Du weißt, was ich sage, ist wahr;

Es lässt sich nicht verdrängen;
Allerhöchstens einengen.

Aber zum Schluss wird es explodieren,
Wenn viele wie ich die Geduld verlieren

Und endlich akzeptieren
Zu revolutionieren.

Vollendung

Ein Hauch – mehr ist das Leben nicht,
Das durch Licht
Geboren ward.

Die Ankunft, sie war hart;
Die Abreise dagegen,
Wenn sich alle Wogen legen,
Wird wunderbare Sanftheit haben.

Solange, bis sich die Raben
Scharenweise zeigen
Und Plastiktüten treiben,
Eher quillen aus dem Meer,
Das vom Menschen leer-
gefischt.

Abschließend wird PVC aufgetischt,
Sodass sich der Kreislauf endlich vollendet
Und die Menschheit sich selber beendet.

Auf der Kirmes

Auf der Kirmes wird man wahrlich unterhalten,
egal, ob durch die Jungen oder Alten.

Wenn halbstarke Jugendliche
am Labyrinth aus Spiegeln scheitern,
während kleinste Kinder bestehen,
indem sie ihren Verstand erweitern.
Oder verdiente Rentnerinnen und Pensionäre
Achterbahn fahren, als ob es nichts wäre.

Auch die Eltern machen Außenstehenden Spaß,
denn den meisten von ihnen gelingt's, das rechte Maß
zu finden, um ihre Rasselbande zu bändigen.

Sich mit Händen und Füßen zu verständigen,
gehört zur Schaustellerei wie der Schwefel zum Pech.
Hier ist man trickreich, witzig und oftmals auch frech,
vergisst aber nie, die Gäste gut zu unterhalten –
so glätten sich spielend deren Sorgenfalten.

Sofern Riesenräder und Geisterbahnen
Entspannung verheißen,
kann man sich auf Jahrmärkten
vor Lachkrämpfen wegschmeißen.
Ebenso gehören Amüsements zum guten Brauch,
diese finden dort inflationären Gebrauch.

Aber am Ende des Tages entscheidet jeder für sich,
ob er auf der Kirmes Spaß haben will oder nicht.

Kassenhäuschengedanken

Wenn du in deinem Kassenhäuschen sitzt
und nichts passiert,
außer dass du dein Leben ausschwitzt
wegen der Sonne,
die dir einen Saunaaufenthalt beschert,
frage ich mich ernsthaft:
Wie viel ist mein Leben noch wert?

Ist das hier alles,
was ich jemals bestrebte?
Wird dies hier alles sein,
was ich jemals erlebte?

Nutze den Moment

Schneeflocken, die auf der Seele säuseln;
Kerzen der Wärme, die für Herzen sind gedacht;
Wie sich Nackenhaare langsam kräuseln,
Wenn man Liebesdienste hat vollbracht.

Durch reines Handeln werden Taten beflügelt,
Sie sind dann weiß wie frisch gefallner Schnee,
Der uns Menschen mahnend zügelt,
Da wir verletzlicher als manches Reh

In dieser Welt am Suchen sind;
Nach einem Platz am wärmenden Kamin.
Und das, obwohl sich dreht der Wind,
Der uns will in Abenteuer ziehn.

Es liegt an uns, wohin wir gehn:
Nach links, nach rechts, nach Süden oder Norden.
Wichtig ist lediglich, eines zu verstehn:
Dass wir nur mit Mühe geborgen

Werden aus dem Sturm,
Der sich Leben nennt,
Wenn die Zeit
Zweifach davonrennt.

Deshalb nutze den Moment,
Vergiss einmal das Morgen,
Dann erlebst du einen Augenblick
Gänzlich ohne Sorgen.

»Wunschdenken« werden viele schrein,
Ich denke es doch manchmal auch.
Bis ich bemerke den Sonnenschein,
In den ich meine Seele tauch.

Auch wenn Schnee sie längst vereiste,
Die Hoffnung stirbt zuletzt;
Solange ich sie mit jener speise,
Ist sie lediglich benetzt

Mit Wasser, das nicht fließen will,
Weil es Veränderungen scheut;
Sodass das Herz bloß stumm und still
Seine Existenz bereut.

Dabei wünscht es sich ein Leben
Im Chaos dieser Zeit.
Gott kann die Hand der Hilfe geben,
Doch bin ich dafür schon bereit?

Ehrliche Hilfe

Mag jemand groß sein oder klein,
Sollte es ihm trotzdem möglich sein,
Anderen mit Liebe zu begegnen,
Anstatt ihnen ihren Tag zu verregnen
Mit Missachtung oder Zwist.

Auch wenn man Zivilcourage oft vermisst,
Könnte jeder sie ergreifen.
Trifft's einen selbst, beginnt wohl erst zu reifen,
Was die wenigsten zu wissen scheinen:
Ehrliche Hilfe bringt die Liebessaat zum Keimen.

Was Weites

Zeit ist relativ,
Wenn du dich naiv
Dafür entscheidest,

Sie abzusitzen – Wie wär's, du vermeidest
Diese Verschwendung deines Lebens?
Denn die Zeit des Segens
Ist noch lange nicht vorbei!

Also beende diese Vertändelei
Und tu zur Abwechslung Gescheites –
Das Leben ist nichts Enges, sondern was Weites.

Nach dem Regen

Dein ganzes Leben bist du schon am Huschen,
Zusammenhangloses versuchst du weiter
zu pushen.

Obwohl es besser überhaupt nicht mehr geht,
ist Optimierung das,
was an erster Stelle steht.

Es ist nicht zu spät, mit dem Atmen zu beginnen;
unser Dasein ist kein Rennen,
welches es gilt zu gewinnen.

Eher kann es Freund sein oder Begleiter;
zieht an einem Strang,
nur so kommt ihr weiter!

Jeder sagt,
Ruhe könnte sein Leben gebrauchen.
Aber jeder vertagt,
aus der Alltagshektik aufzutauchen.

Jeder sucht
einen Friedenshort für sich.
Aber jeder verflucht
den Aufwand; er sei fürchterlich.

So bleibt das Licht am Tunnelende
ein weiterer D-Zug
und nicht die rettende Wende.

Unerreichbar wie der blaue Himmel,
auf den wir warten.
Wer wollte seine Reise nicht nach dem Regen starten?

Verbringe deine Tage lieber glücklich und dankbar;
allumfassende Zufriedenheit
ist in unseren Zeiten rar.

Dabei ist doch jede Sache im Überfluss vorhanden;
egal, wie schlecht du zielst,
du wirst einen Treffer landen.

Neid und Gier können dich deiner Freude berauben;
vergiss nicht, an die Macht der Freundschaft
zu glauben.

Und deine Worte mit Bedacht zu wählen,
sonst musst du dich alleine
über Mutter Erde quälen!

Bedenke der Fehler,
die du begangen hast,
dann werden sie künftig
nicht zur Last.

Denn mit jedem Bedauern
deines Lebens
öffnen sich die Türen
des Vergebens.

Ehehaus zu zimmern

Lange gewartet,
Nun ist die Zeit gekommen.
Glück, das startet,
Da Mut zusammengenommen
Wurde für ein ehrliches Ja.
Ihr Liebenden seid euch so nah,
Wie noch nie zuvor in eurem Leben.
Ihr habt es eurem Gegenüber gegeben
Und schreitet vermählt voller Freude in eine Welt,
Die euch euren Tag besonders erhellt,
Weil sie sich gerne mit euch freut.

Träume habt ihr in die Zeit gestreut,
Die euch auch in Zukunft daran erinnern,
Gemeinschaftlich ein Ehehaus zu zimmern,
In dem ihr ungefährdet seid;
Zwar nicht vor allen Gefahren gefeit,
Dafür nie allein mit euren Sorgen,
Sondern stets in des anderen Armen geborgen.

Ich wünsche euch für eure Ehe nur Gutes,
Gesundheit, Kraft, seid frohen Mutes
Und denkt bitte immer daran,
Wie diese Liebe einmal begann –
Um euch dieses Wunder zu bewahren,
Heute, morgen und in vielen, vielen Jahren.

Wie am ersten Tag

Eine vergilbte Hochzeitsfotographie
Zeigt mich so glücklich wie noch nie:
Ein Strahlen, das den Horizont passiert.

Viele Jahre sind seitdem vergangen,
Sie waren voll Liebe und voll Bangen:
Was geschieht und ob man sich einmal verliert –

Nun steh ich hier mit dir an meiner Seite,
In tiefer Treue, auch nach heftgem Streite,
Und weiß gewiss, wie noch am ersten Tag,
Dass ich keinen Menschen lieber mag
Als dich.

Lebt

Ich will nach Hause schreiben,
Um zu sagen,
Dass ich's nicht ertragen
Kann,
Hier zu bleiben.
Wann komme ich zu Hause an?

Heute schaff ich es nach Hause,
Zu meinen Lieben
Werd ich fliegen –
Mit Freude im Gesicht.
Ich brauch die Pause;
Oder nicht?

Leben kommt und geht,
Mit dem Schein,
Sein oder nein?
Ich weiß es nicht,
Wie ihr seht,
Da meinereiner vom Licht
Lebt.

Danke

Ein »Danke« ist zu schnell gesagt,
Wenn man mich nach meiner Meinung fragt.

Deshalb stehen diese Zeilen
Für ein Danken ohne Eilen.

Deine Laune darf sich gern erhöhn
Durch dieses tiefe Dankeschön.

Gewiss nur für kurz, nicht für alle Zeit und Stunden,
Aber wann hat ein ehrliches »Danke« zuletzt zu dir
                                        gefunden?

Der Autor

Hendrik Preßler widmet sich seit nunmehr 15 Jahren dem Kreieren literarischer Kunstwerke, die von ihm durch eigens gemalte Zeichnungen und Grafiken veredelt werden. Der gebürtige Rheinland-Pfälzer mit Wurzeln in Hessen und Ostfriesland nutzt die diversen Strömungen seines langjährigen Wohnortes Berlin, um seine Dichtungen noch facettenreicher zu gestalten.

Nach erfolgreichem Abschluss seines Masterstudiums an der Humboldt-Universität zu Berlin unterrichtet er aktuell als Berufsschullehrer die Fächer »Wirtschaft und Verwaltung« sowie »Deutsch«.

Auch im Schulalltag verdichtet sich seine Leidenschaft zum Schreiben mittels der intensiven Auseinandersetzung der deutschen Sprache zunehmend, wodurch seine beachtliche Anzahl an über 1000 Gedichten kontinuierlich steigt und sein Repertoire von kurzen Geschichten, Novellen, Theaterstücken und Tragödien ergänzt wird.

Weiteres Werk
des Autors:

Anfang und Ende –
Gedichtsammlung

52 Seiten
ISBN: 978-3-7412-2627-4
E-Book: 978-3-7412-3049-3

Diese Gedichte handeln von der Liebe und dem Leben,
Von Sonnentagen und jenen, die von Regen

Durchzogen sind.
Ebenso weht ein kritischer Wind

Zwischen diesen Zeilen.
Wirst du ihn als Leser teilen?

Ihn hinaustragen in die Welt,
Die mancher meiner Verse in Frage stellt?

Dann wird dir die Poesie einen Kuss zuhauchen,
Beginnst du erstmal, in meinen Sphären zu tauchen,

Die die Fantasie gestaltet hat.
Werde Bewohner ihrer bunten Stadt!